Deina Anunciação

O Velório

+

Três Escritos

Dados Internacionais de Catalogação na Publicação (CIP)

Anunciação, Deina.

A636   O velório+três escritos / Deina Anunciação. – Joinville: [s.n.], 2023.
    45 p. ; 15 cm.

ISBN 978-65-266-0103-7

1. Suspense – Relações interpessoais. 2. Religião – Comédia. 3. Ficção brasileira. I. Título.

0623-12   CDDB869.3

**Ficha catalográfica elaborada por
Débora Soares Vicente de Santana – Bibliotecária CRB-9/1914**

Índice para catálogo sistemático:
1. Ficção brasileira B869.3

Enquanto a minha sobrinha assistia a algo na televisão da sala da casa da minha mãe, eu escrevia O Velório no meu quart sentada em uma poltrona.

À noite de um dia antes de agora, criei um texto de um funeral ocorrido na minha imaginação como se fosse um filme. E, lá, estava eu dentro de tudo aquilo.

O Velório

Deina Anunciação

Em uma cidade, que parecia desconectada do mundo externo de tão afastada que aparentava estar, alguém morreu.

Quem assinou a certidão de óbito?! Não sei. Não li o laudo. Nem tive informação acerca da existência de um médico no referido lugar. Sei que todos só falavam dessa morte. Quem não permaneceu em casa rezando foi velar o defunto.

Eu, por exemplo, só conheci a esquisita cidade porque precisei ir para a residência de um parente, e ninguém se importava com o que pesava sobre mim. Uma maioria, no entanto, empenhava-se em inventar coisas contra os outros.

Havia também aqueles que se calavam, sufocando alguma verdade até o momento oportuno de libertá-la.

E o momento chegou: o velório. Se você sabe o que aconteceu... não sei, mas, de uma coisa tenho certeza, se parar para me ouvir a respeito do ocorrido até o final, é porque não estava lá.

Todos estão tristes diante do corpo de um homem que está sendo velado em uma capela ocupada por poucas pessoas em trajes de alguma época, presente em fotos antigas.

Por outro lado, há uma pessoa de pé, perto da porta da capela, de costas para o caixão, de frente para a parede, que está usando roupas de tempos recentes, despertando curiosidades e gerando comentários que podem ser ouvidos em cochichos:

- De onde será que veio?!

Alguém ainda ri:

- Rsrsrs

- É quem?

- Quem é? Tem uma aparência familiar!

- Que roupas esquisitas!

Quando o ser humano comentado vira de frente para o caixão, uma senhora, logo, cruza à sua frente e anda até duas conhecidas que não estão ao lado do caixão, e, sim, sentadas, encostadas à parede do outro lado da porta. Quase ao mesmo tempo, em meio a choros, é possível ouvir das duas mulheres:

A primeira:

- Esse homem era ruim. Não valia nada!

A segunda:

- E era?!

A primeira:

- Era, sim. Engravidou a prima dele. Depois, ele mesmo fez ela perder o bebê. Dizem que ele bateu nela, foi de pancada que ela perdeu a criança.

A segunda:

- Misericórdia! Jesus, Maria e José...! Meu Deus!

A primeira:

- Tem um monte de gente doida para matar ele.

A segunda:

- Já está morto.

A primeira:

- Eh, mas tem gente lá fora do cemitério, comemorando... porque ele morreu. O corpo dele só está inteiro porque está aqui, nesta capela isolada no cemitério, distante do restante das coisas. E só tem o funeral dele aqui hoje.

Alguém, sentado ao lado da segunda, diz:

- Eh! A família trouxe a marreta dele, a fim de ser enterrada com ele também.

A segunda:

- Misericórdia!!!

Perto do caixão, uma senhora vai em direção a dois parentes do falecido:

Um parente:

- Como foi morrer assim... tão de repente?!

O outro parente:

- É mesmo!

- Um homem tão bom, meu Deus!

A pessoa, cujo local de origem não sabem, aproxima-se e fala:

- Era. Ajudava a família toda, ajudou a prima... Pagava as contas dela, tudo. Ela era pobrezinha, pobrezinha. Quando acaba, ela ainda foi dizer que estava grávida dele. Ela emprenhou foi de outro. Isso, sim. Agora, veja, pegou uma briga com ele, não que ele tenha brigado com ela, dizem que ele que bateu nela. Mentira! Ela deve ter caído.

Alguém, segurando um copo, subitamente, surge entre essas pessoas, causando um leve susto, exceto para o ser humano, talvez, forasteiro de roupa esquisita, e salienta:

- Mas eu soube que ela estava com um olho roxo.

A pessoa, talvez, forasteira:

- Bateu na pia! Escorregou na cozinha.

- Soube que existem casos assim. Mulher briga com marido e escorrega para cima de faca e machado um bocado de vezes. Tem até mulher que reclama baixinho, dizendo que não está conseguindo respirar, só por causa de uns carinhos no pescoço!

- O morto não fez mal à prima, não. E era um homem bom.

Os dois parentes confirmam:

- Era.

Os mesmos familiares vão saindo da capela, porém um, ao olhar para fora, acrescenta:

- É melhor a porta ficar fechada. O cemitério está cheio de gente que não gostava dele.

Esses dois saem. Um homem entra antes do fechamento da porta e fala:

- Ouvi lá fora que tem gente que veio só para cuspir na cova.

Um outro parente chega perto do falecido:

- Sei quem é. Eu tomo providência. Ah, é melhor tampar, logo, o caixão. Nós, aqui, já vimos ele. Pronto!

Quando a porta é fechada, em trajes cuja época ninguém sabia, quem tanto dizia que ele era bom, exprime:

- Ele era bom, muito bom, ele era... humm...

- Uma desgraça! Isso, sim!

Dito isso, imediatamente, o morto se levanta. Todos correm pela capela inteira. Alguns chegam até a porta, mas não conseguem abri-la, pois o morto-vivo se aproxima correndo, tentando pegar qualquer um.

Do lado de fora, ouvem a gritaria e a fala de alguém de dentro:

- Morto maldito! Essa alma penada está querendo levar a gente!

Então, os vivos do lado de fora, assustados, resolvem correr também logo depois de um homem gritar:

- Vamos embora, porque o morto quer levar todo mundo para cova!

Enquanto estão correndo, outro homem ressalta:

- Ele vai só. Não quero morrer, não!

E outro ainda:

- É fim de mundo!

Na capela, entretanto, ao chegar perto de agarrar quem o tinha chamado de desgraça, o velado vivo é golpeado com sua própria marreta por essa mesma pessoa. Ele cai. Todos param. Ainda com a ferramenta da morte na mão direita, a pessoa expressa:

- Agora... é só enterrar.

Carregam, portanto, o corpo para dentro do caixão, e quem está segurando a marreta coloca o instrumento letal nas mãos do cadáver, sobre o peito, com o cabo apontado para os pés do falecido.

Os vivos estão de pé. Sete indivíduos estão ao redor do caixão para fechá-lo. E, à cabeceira, aquele ser, o qual deixa de segurar o objeto tão estimado do morto... no momento em que erguem a tampa do novo dormitório do homem que, bom para uns e/ou mal para outros, está morto.

O caixão é tampado.

- Escorregou! Caiu em cima da marreta!

A menina que não sabia rezar

Deina Anunciação

*

Deitada, antes de dormir, na Boca do Rio, depois de ter morado em diversos outros lugares, veio a mim a lembrança de algo que aconteceu comigo quando eu ainda era criança no mesmo bairro. Tal ocorrido chegou a ser escrito em uma noite antes de hoje, para, agora, tornar-se público.

A menina que não sabia rezar

Deina Anunciação

Quando eu era pequena, tinha muitos pesadelos. Falava em casa: Tive um sonho ruim. Mas somente eu era revestida da minha pele.

Um dia, quando eu ainda nem estava deitada, meu pai entrou no meu quarto à noite e me ensinou a "Oração do Anjo da Guarda", pois o "Pai Nosso" eu já sabia. Ele ressaltou que eu tinha de rezar/orar sempre.

Na hora de me deitar, então, entoava baixinho o "Pai Nosso" e não me esquecia de "Santo Anjo do Senhor", a "Oração do Anjo da Guarda". Clamava por Deus e dizia que não queria mais ter sonho ruim. Chamava por Deus, chamava por Jesus, estando somente eu no quarto.

Os pesadelos não acabaram, porém, apesar do medo, tive coragem de enfrentá-los.

Muitos seres humanos ficam criticando o próximo, porque não tem a mesma religião que eles, dizem que a pessoa não segue e nem tem fé em Cristo, em Deus, por não estar na mesma igreja, por não estar em alguma igreja.

Mas a fé não nasce da igreja, a igreja nasce da fé. A igreja se faz sozinha? É possível a fé estar dentro de cada indivíduo, dentro de seus feitos.

Há quem faça a igreja à sua maneira, e um Deus, à sua imagem. Quem, contudo, garante que uma pessoa não possa ter fé e nem obras só por não frequentar a mesma igreja de outrem? Fé em quem, em quê?

A vizinha e a mulher

Deina Anunciação

*

Era noite de um dia quase comum quando criei a cena deste escrito em meus pensamentos antes de dormir. Ri em alguns momentos e tentei não esquecer o que estava se fazendo presente em minha cabeça, porque poderia não me lembrar de todos os simples detalhes depois.

No dia seguinte, no entanto, escrevi como se eu ainda estivesse na mesma noite. E escrita a cena, esta permaneceu sem se tornar pública até então.

A vizinha e a mulher

Deina Anunciação

Na cozinha de casa, uma mulher está conversando com sua vizinha enquanto lava os pratos.

Vizinha

- Você soube do vizinho daqui do lado?

Mulher

- Não. O que foi que teve?

A mulher abre a torneira da pia.

Vizinha

- Ele pegou a mulher dele com outro.

Mulher

- Vixe!

A torneira aberta. Então, ela enxágua um prato e pega outro, mas não fecha a torneira.

Vizinha

- Foi! Ela estava com outro homem na cama no quarto dela. Quando o marido chegou e entrou abruptamente, viu os dois lá... daquele jeito.

E a torneira aberta.

Mulher

- Também... hoje em dia, quem é que não trai?! A diferença é só porque, no caso da mulher do vizinho, todo mundo ficou sabendo. Difícil achar alguém que não traia.

E a torneira aberta.

Vizinha

- Fecha essa torneira!

Mulher

- Como é que vou fechar a torneira se estou lavando os pratos?!

Vizinha

- Você não precisa deixar a torneira aberta enquanto ensaboa os pratos.

Mulher

- Eu que não preciso ficar ouvindo isso quando sou eu que pago as minhas contas.

Vizinha

- Vai ficar ouvindo, sim. A água vai acabar para todo mundo se você não parar com o desperdício.

Mulher

- Vai acabar para você. Se a conta vier cara, eu pago. Eu tenho dinheiro para pagar. Para você que vai acabar se não economizar. A taxa vem cara, você não tem dinheiro para pagar, a Empresa[1] vem e

---

[1] Um nome fictício para a empresa responsável pelo abastecimento de água.

corta. Pronto! Acabou a água! Conversa de preocupação com o desperdício...!

Vizinha

- Você ainda paga menos pela conta. Pense!

Mulher

- Você se mete em minha vida, viu!

Vizinha

-Você não pensa em seus netos, não?

Mulher

- Eu não tenho filho.

Vizinha

- Mas... quando tiver...?

Mulher

- Aí... eu vou gastar água... Mas não é para economizar?!

Vizinha

- Não impede de ter filhos.

Mulher

- Não tem uma pia de pratos para lavar, não?!

Vizinha

- Eu...

Mulher

- Ah, já sei... a economia!!!

Vizinha

- Quero ver só o que você vai fazer quando a água do mundo todo acabar.

Mulher

- Morrer. E você?

Menti

Deina Anunciação

Texto elaborado

à noite e em casa.

Menti

Deina Anunciação

Em uma apresentação no teatro, com plateia em trajes bem alinhados, Menti vê Art e sente-se envolvido por ela, que não tem interesse nele como homem.

A noiva de Menti, Recal, percebe o desejo do companheiro e passa a odiar Art, mesmo esta deixando claro que não quer aproximação com ele.

Menti insiste, de uma maneira estranha, em sair com a tão odiada por sua namorada, mas a resposta sempre é não.

Um dia, um dos seguranças do teatro chega a afastar Menti do espaço por seu comportamento inconveniente.

Recal, entretanto, age como se tudo de ruim acontecesse por culpa de Art e paga para dois homens "assustarem" a moça, descrevendo-a com ênfase na roupa.

Recal por telefone:

- Tenho uma diversão, "meus amigos", para vocês...

Em outro momento, Recal por telefone:

- Ela chegou aqui agora... para esse diabo desse trabalho dela, ensaio, sei lá. Está usando um blusão cor de rosa escuro com capuz e uma calça cor de rosa claro.

Um dos "amigos":

- OK.

Recal desliga o telefone.

Os dois homens surpreendem com socos a mulher que sai do local de trabalho com a mesma descrição, após ela passar por uma rua deserta, na qual há alguns carros estacionados. Ela cai escorregando entre eles logo depois de ser estrangulada.

Eles saem, andando com atenção. De repente, Art aparece vestida em um casaco cor de rosa perto de duas outras pessoas.

A primeira diz:

- Eita! É a irmã do dono da boca[2]!

A segunda:

- Vamos sair daqui, porque o negócio vai pegar fogo!

Todos se apressam em ir para longe...

Nesse cenário, os estranguladores ainda estão na rua, ficam pasmos por saberem que Art está viva. É a certeza de que a pessoa morta é outra. Talvez eles sejam os próximos. Quem sabe?!

Surge um homem fumando um cigarro de cheiro esquisito:

- Que p*rra está acontecendo aqui?

---

[2] Quando se refere a um "líder" do tráfico das chamadas drogas.

Ele vê a irmã morta do seu "patrão", porém, ao começar a sair do local por ouvir o som da sirene da polícia, enxerga o celular da vítima com a câmera ligada, filmando, e volta rapidamente, para apanhá-lo. Pega o aparelho e sai às pressas.

Enquanto corre, vai recordando que ela tinha dito que deixaria a câmera assim pelo máximo de tempo, a fim de não perder o ensaio do show nem o momento da saída para casa. Era fã de Art e, por isso, estava vestindo uma roupa semelhante àquela de sua musa no cartaz do evento.

A moça morta era irmã de um morador local, conhecido como Zero pelo nível de tolerância oferecido por ele para lidar com qualquer assunto.

Ele tem um homem de confiança, o chamado Poeira, apelidado desse modo porque, quando precisava escapar de alguém ou de alguma coisa, desaparecia com tanta velocidade que apenas restava a poeira.

Já a amante de Zero era Gostosa... mas tinha essa nomenclatura pela opinião dela mesma.

Zero, Art e Menti são vizinhos do mesmo bairro, e, não, da mesma rua. Art somente passou a ter uma vida, financeiramente, mais confortável depois de adulta.

Diferentes dela, Zero, Gostosa e Poeira vêm de uma família abastada de bens nada baratos. Apesar disso, eles queriam muito mais dinheiro de uma vez e, como diziam, "sem esforço".

Não ganharam na Loto[3]. Envolveram-se em crimes.

Não vivem com os seus familiares, que já não lhes arranjam dinheiro há muito tempo. Apenas a irmã de Zero falava com ele esporadicamente.

Quanto à companheira de Zero, com quem ele é casado legalmente, finge ter o esposo perfeito e, para ela, ele é. Ela só

---

[3] Muitas pessoas trabalham arduamente e jogam na Loteria com o sonho de melhorar a vida. Não é o caso de Zero e seus aliados.

gosta do que ele lhe dá: dinheiro, pois tem um cotidiano dispendioso, custeado por ele, é claro.

A luz se apaga. O tempo passa...

Zero, Gostosa e Poeira pegam os dois "amigos" de Recal, e estes, antes mesmo das pancadas que vão levar, falam quem quis que eles matassem alguém.

Menti, por sua vez, portando o celular da namorada no bolso, faz questão de contar para Zero e seus leais seguidores a localização da pessoa com quem tem intimidades.

Gostosa pergunta:

- Por que está entregando a sua mulher?

Menti:

- Quero me separar dela, mas ela não aceita. Não me deixa em paz.

Zero:

- O que estou sabendo é outra coisa... Você está é de olho em quem nem quer saber de você. Está entregando sua companheira, boa coisa você não é!

Menti:

- Mas eu não matei sua irmã.

Paira o silêncio por um instante. Em seguida, Menti acrescenta:

- E nem sabia que minha mulher estava tramando isso.

Poeira:

- E como você descobriu?

Menti:

- Ainda há pouco, flagrei ela falando com um homem pelo celular que não era para ele telefonar, para ninguém descobrir que eles tinham liquidado a menina.

E Menti entrega o celular de Recal para Gostosa. Poeira se põe à frente de Menti, porém este é liberado por Zero, que ressalta:

- Pode ir... Só porque você não está entre os filhos da p*ta que mataram a minha irmã, e isso já confirmei. Mas preste bem a atenção: Pare de perturbar a artista.

A polícia pode aparecer... E aí, já sabe, não é?!

- Não quero problema aqui na área.

Menti sai.

Recal, então, é presa, contudo, não pela polícia.

Um dos "amigos" de Recal diz:

- A gente não queria matar sua irmã, não.

Recal:

- A gente ía matar a misera[4] daquela artista que estava trabalhando lá.

---

[4] A palavra "miséria" sem a letra i.

Zero fala:

- A artista que tinha convocado minha irmã para trabalhar com ela no próximo show!

Enquanto fere os encarcerados, Poeira:

- A irmã dele nem saía muito de casa, para não ficar no meio da malandragem. A gente nem deixava ela ficar, para não se perder. Aí, vem essa p*ta e essas duas d*sgr*ças e apagam ela sem ela ter feito nada.

Zero, Gostosa e Poeira seguram com mais firmeza as suas armas.

A luz se apaga. Passa o tempo...

A polícia recebe uma ligação anônima de um celular, sabe Deus de quem. É Menti, usando luvas e disfarçando a voz, quem conta onde estão os corpos e, em seguida, ele joga o aparelho em meio aos cadáveres.

Pois ele, ao longe, vê quando os mortos, ou, ao menos, o que restou deles, dentro de sacos plásticos, são jogados em um container de lixo de uma rua deserta durante a madrugada.

Ao observar os sacos por fora, não é possível visualizar o que há dentro. Mas Menti presume que sejam realmente os executados, considerando quem os carrega para o descarte, como quem descarta qualquer coisa.

Quando a polícia chega ao referido local, está o celular com a gravação do momento em que Recal e seus "amigos" estão sendo torturados por Zero e seus aliados, evidenciando ainda a relação entre as mortes mais recentes e a da fã de Art.

A polícia:

- Que inferno!

- Temos de prendê-los... o quanto antes.

Zero e seus principais aliados são surpreendidos e presos, visto que até a sua localização a polícia consegue descobrir, de alguma forma, por intermédio de Menti.

Um tempo passa...

Em outro lugar, à frente de um espaço cultural, quando Art está prestes a entrar, Menti volta a importuná-la:

- Por que você não fica comigo? Ela já morreu.

www.ingramcontent.com/pod-product-compliance
Lightning Source LLC
Chambersburg PA
CBHW051503140726
47987CB00006B/2863